Alexander Stachelhaus

La Guerra Civil Española 1936 - 1939

¿Existen todavía dos Españas hoy?

GRIN Verlag

Bibliografische Information der Deutschen Nationalbibliothek:

Die Deutsche Bibliothek verzeichnet diese Publikation in der Deutschen National-
bibliografie; detaillierte bibliografische Daten sind im Internet über http://dnb.d-
nb.de/ abrufbar.

Impressum:

Copyright © 2012 GRIN Verlag GmbH
Druck und Bindung: Books on Demand GmbH, Norderstedt Germany
ISBN: 978-3-656-63240-5

GRIN - Your knowledge has value

Der GRIN Verlag publiziert seit 1998 wissenschaftliche Arbeiten von Studenten, Hochschullehrern und anderen Akademikern als eBook und gedrucktes Buch. Die Verlagswebsite www.grin.com ist die ideale Plattform zur Veröffentlichung von Hausarbeiten, Abschlussarbeiten, wissenschaftlichen Aufsätzen, Dissertationen und Fachbüchern.

Besuchen Sie uns im Internet:

http://www.grin.com/

http://www.facebook.com/grincom

http://www.twitter.com/grin_com

Jahrgangsstufe 12

Schuljahr: 2012/2013

Facharbeit im Grundkurs Spanisch

La Guerra Civil española 1936 - 1939

¿Existen todavía dos Españas hoy?

Gesamtschule Hennef

Abgabetermin: 25.05.2012

Schüler: Alexander Stachelhaus

1. Introducción

1.1 ¿ Por qué elijo este tema y qué intereso sobre la Guerra Civil española?

Bei der Wahl meines Facharbeit-Themas habe ich mich besonders von den Erkenntnissen aus dem Fachunterricht in Spanisch leiten lassen. Dabei interessierten mich von Beginn an die Ursprünge für die neuzeitlichen spanischen Gesellschaftszustände und die Gründe für die vorherrschende Staatsform, denn die spanische Gesellschaft durchlebte im 19. und 20 Jahrhundert eine Geschichte, vergleichbar mit der Vergangenheit von Deutschland. Es gab zahlreiche Revolutionen, Krisen, Reformen und Missstände in der Bevölkerung. Den einzigen Unterschied spiegelte dabei die Bewältigung dieser wirtschafts - und sozialpolitischen Probleme und Fehlentwicklungen wieder, denn in Spanien sind auch heute noch allgegenwärtige gesellschaftliche Probleme zu beobachten, welche in anderen „Industrieländern" bereits in der Vergangenheit „begraben liegen". In diesem Zusammenhang sind besonders die illegalen Einwanderungsströme und die hohen Arbeitslosenraten zu nennen. Der spanische Bürgerkrieg, als einer der letzten nationalen Völkerkriege in Europa, ist dabei mit seinen Folgen mitverantwortlich für die durchlebte Diktatur Spaniens, denn der spanische Bürgerkrieg sorgte für einen radikalen Sturz der bestehenden Verhältnisse und dem Wandel der spanischen Republik zu einem von Diktator Francisco Franco beherrschten totalitären Staat mit einer jahrzehntelangen Diktatur. Dabei liegen die Wurzeln für den Ausbruch des spanischen Bürgerkriegs für mich viel tiefer, denn bereits Anfang des 20.Jahrhunderts, bedingt durch die Wirtschafts- und Gesellschaftskrisen in den Jahren 1907 und 1917 wurde die Unzufriedenheit der spanischen Mittelschicht und der niederen Bürger mit der Monarchie und den unterentwickelten Ressourcen sowie der Staatsstruktur Spaniens deutlich. Aus diesem Grund liefert der Spanische Bürgerkrieg für mich den Auslöser für die Hauptursachen der heutigen spanischen Weltanschauung und den nationalen Missständen. Deswegen möchte ich mich in meiner Facharbeit in erster Linie intensiv mit der Beantwortung der Leitfrage Existieren die „zwei

Spanien" nach wie vor? auseinandersetzen, welche die aufgeführten Probleme in ihren Ursprüngen erklären sollen.[1]

1.2 ¿Sobre qué tengo que obtener algo y que tengo que conseguir con el trabajo especial?

Als am 11.März 2004 eine Anschlagserie die spanische Hauptstadt Madrid erschütterte, wurden in Spanien wieder Emotionen und Ideologien erweckt, die es in dieser Form das letzte Mal in der Zeit des Bürgerkriegs gab. Die aufgeheizte Stimmung in der spanischen Gesellschaft wurde mit dem ersten „Bombenfall" in Madrid erneut in einem Ausmaß deutlich, die zwangsläufig unter den Spaniern die „bloße Angst" vor einem neuen Bürgerkrieg in Spanien aufzeigte.[2] Als mehrere Bomben im morgendlichen Berufsverkehr von Madrid in U-Bahnen und Zügen explodierten machte die spanische Regierung umgehend die baskische Untergrundorganisation ETA für diese Attentate verantwortlich. So sagte Eduardo Zaplana ein offizieller Sprecher der Regierung dem Radiosender Cadena Ser „´Das ist ein kollektives Töten einer kriminellen Bande und die heißt Eta´" [3]. Allerdings kam auch umgehend eine Zurückweisung dieser Anschuldigungen aus dem Lager der Baskenorganisation zurück mit dem Verweis auf die Vermutung einer „Operation des arabischen Widerstands"[4], denn der Chef der verbotenen Eta-nahen Baskenpartei „Batasuna" Arnaldo Otegi führte an, dass es bei der ETA schließlich immer „über das Telefon angekündigte Anschläge gegeben habe"[5]. So wie es bei diesen Anschlägen zu „nur 191" Toten kam, so ist diese Zahl im Vergleich zu rund 400.000 „abgemetzelten Spaniern" zwischen 1936 und 1939 ein niederes Übel in den Augen vieler Spanier, doch zeugt es für mich auch für die rassischen Züge und sozialen und politischen Spannungen in dem für uns nur so schönen Urlaubsland. Dieser Anschlag in Madrid und die darauf folgenden Anfeindungen zwischen der Regierung und den republikfeindlichen Basken, die nach Unabhängigkeit streben und aktiv und offenkundig dafür einstehen, gibt ein erstes Zeichen für die Beantwortung der Leitfrage meiner

---

[1] vgl: http://www.erinnern.at/bundeslaender/vorarlberg/bibliothek/dokumente/70-jahre-spanischer-burgerkrieg

[2] vgl:http://www.manager-magazin.de/unternehmen/artikel/0,2828,290002,00.html

[3] vgl: http://www.erinnern.at/bundeslaender/vorarlberg/bibliothek/dokumente/70-jahre-spanischer-burgerkrieg

[4] vgl.1

[5] vgl.1

Facharbeit. Diese soll als Fazit meiner Facharbeit am Schluss beantwortet sein, denn ein geteiltes Spanien, ein geteiltes Land, kann nicht Ziel von Spanien als konstitutionelle Monarchie sein. Neben der Beantwortung der Leitfrage möchte Ich mich besonders mit den ausschlaggebenden Gründen für den Bürgerkrieg auseinandersetzen und die entscheidenden Auslöser und Beweggründe für die Kriegsparteien kritisch hinterfragen und beurteilen. Durch mein erarbeitetes Vorwissen ist es mir zudem ein Anliegen darzustellen, dass der Spanische Bürgerkrieg, wie bereits kurz angeschnitten, eben kein Testlauf für den 2.Weltkrieg war, sondern vielmehr als Prolog und Auftakt des 2.Weltkriegs angesehen werden sollte und auch so in die Geschichte einging. Aus diesem Grund sollte sich dieser Bürgerkrieg auch im europäischen Quervergleich durch die Kriegshistorie auch zu einem wahren „Novum" entwickeln. Bei der Betrachtung der Anschläge von 2004 und dem spanischen Bürgerkrieg von 1936 wird zudem eins spürbar und allgegenwärtig: Die Vergangenheit lebt und auch die Auslöser des Bürgerkriegs lassen sich oberflächlich betrachtet noch seit der Jahrtausendwende wiedererkennen und dies bringt mich in meiner Facharbeit zu dem Punkt, herauszuarbeiten zu wollen, inwieweit die Spanier mit den Erinnerungen an die Vergangenheit (Spanische Revolution, Krisen, Bürgerkrieg) umgehen und welche Mittel das Volk, knapp drei Generationen und 75 Jahre später für die Vergangenheitsbewältigung nutzen und welche Veränderungen zu beobachten sind. Dabei möchte ich besonders auf den Einfluss der Diktatur von Francisco Franco auf die Gesellschaft eingehen, ihn als machtgreifenden. Diktator charakterisieren und einen Vergleich zu anderen Diktatoren seiner Zeit ziehen. Ein weiterer Punkt den ich mit dieser Facharbeit erarbeiten und erreichen möchte, ist die Skizzierung der politischen, demographischen wie auch sozialen Entwicklung der Zeit nach der Diktatur Francos und den Maßnahmen der Regierung, um die „Wunden des Krieges" in der Bevölkerung zu heilen und Spanien durch eine politische und wirtschaftliche Restauration wieder zu einem stabilen, wirtschaftlich profitablen aber auch friedvollen Staat zu formen, welcher die „Schönheit des Landes" auch durch die Staatsstruktur, die Politik, die Wirtschaft und die Gesellschaft stützt. Mit Bezug auf die deutsche Geschichte ist es mir außerdem ein Anliegen in dieser Facharbeit über den Sinn dieses Bürgerkriegs zu urteilen, denn nicht allen, auch den „Siegermächten" des 1.Weltkrieges ist es genauso wie dem spanischen Bürgerkrieg als erstes Kapitel des 2.Weltkriegs gelungen, die „rabiateste Form des Kapitalismus zu besiegen."[1] Deswegen stellt sich für mich die Frage ob es „überhaupt Herrlichkeit in der Welt"[2] gibt und inwiefern die Mutmaßungen, dass es auf den Schlachtfeldern des Spanischen Bürgerkrieges zum letzten Male in der Geschichte der Menschheit für die „´edlen Ideale der Freiheit, Menschlichkeit, Gerechtigkeit und wahren Demokratie gekämpft und gestorben wurde´?"[3] bestätigt werden kann. Deshalb ist es für mich notwendig eine Beurteilung abzugeben, die aufklärt, ob es sich bei dem spanischen Bürgerkrieg um den ersten „antifaschistischen Krieg"[4] handelte bei dem noch um wahre Ideen, Glaubensbekenntnisse und Ideale gekämpft wurde oder nur um die üblichen wirtschaftlichen und politischen Machtinteressen.[5]

2.   La República - La España vieja

„Para entender la historia de la Guerra Civil española es indispensable tener un panorama de la sociedad española entre los siglos XIX y XX. En este tiempo España estaba gobernada por una oligarquía consistente de terratenientes ricos, una iglesia enorme en servicio de la monarquia y un ejército único. El poder político y social estaba en manos de la alta burguesía y de los terratenientes, una clase profundamente conservadora. Además los gobiernos ignoraban los movimientos regionalistas. Después de la gran revolución en Rusia en 1917, muchos otros ejemplos y en el curso de las tomas del poder de las dictaturas en el continente europeo después de la guerra mundial, surgió un gran potencial revolucionario en España y el combate por la democracia fue siempre grande. Al principio del siglo XX España era un estado industrializado raro y marcado por una desigualdad social inmensa. Las clases sociales altas no se preocupaban por los problemas del campo como el paro, el hambre y la miseria. Por un lado, once millones de trabajadores alrededor de ochos

---

[1] vgl: http://www.widerstand-1933-1945.de/
[2] vgl.1
[3] vgl: http://www.widerstand-1933-1945.de/
[4] vgl.1
[5] vgl. Quellenverzeichnis: o.o.a

millones de españoles en 1931 tuvo que vivir en la pobreza. Por otro lado a una capa de población de los ricos se juntó la de los clérigos, el éjercito, los terratenientes y la alta burguesía. A una pequeña parte de los terratenientes le pertenecía casi todo el estado. Además hubo un gran número de agricultores sin bienes en el sur de España que trabajaba por sueldos mezquinos en las tierras de los ricos. En el centro y en el norte de España la posesión de las tierras por los labradores era tan pequeña que la población tenía problemas para alimentarse. Esta situación, marcada por una paga lamentable, el desempleo y la existencia al borde de la muerte por inanición ensombrecieron la vida cotidiana de la mayor parte de la población española. Estas condiciónes resultaron en un clima social explosivo que desembocó en alzamientos y revueltas de los labradores que terminaron en revoluciones masivas. En general y por todas partes las huelgas eran frecuentes. Por esa razón el sindicato "Solidaridad Obrera" llamó a la huelga general en Barcelona el 26 de julio de 1909. El sindicato fue encabezado por anarquistas y socialistas. Por esta huelga gerneral y la manifestación contra la guerra se desarrollaron un alzamiento anarquista y antieclesiástico. La iglesia y el clero estaban bajo sospecha ya que eran parte de la estructura de la burguesía corrupta. El alzamiento en Cataluña, que se llamó "La Semana Tragica" y que pasaría a la historia española fue sólo una de las muchas revueltas y huelgas en España para mejorar las condiciones de vida y trabajo. El poder espiritual y social de la iglesia española fue considerable y provenía probablemente de la Edad Media. En 1931 el poder espiritual estaba enormemente corroído y el pueblo sabía quiénes eran sus opresores: la Iglesia. Solo en las regiones donde la desigualdad social no era tan grande la Iglesia mantuvo una parte de sus seguidores. El éjercito español era único, porque durante los últimos cien años que tomó parte en guerras y matanzas por la defensa de los restos del imperio colonial español, en las que fue siempre derrotado, por lo que intentó hacerse con el poder del estado con la ayuda de golpes de estado. A un golpe le seguía otro. El material por la guerra del ejércit español era limitado. Tenían gran cantidad de ametralladoras muchas y poco armamento de otro tipo. Sin artillería buena y sin un ejército del aire potente, no fueron a la guerra, pero con el número inmenso de ametralladoras mataron a trabajadores y labradores en masa sin problemas. El Estado y la patronal reprimían con violencia los movimientos de las clases desfavorecidas.

A continuación España fue un país de gran desigualdad social marcado por revueltas masivas y por la opresión brutal de la oligarquía española. Cabe destacar el fuerte elemento anarquista de los alzamientose en los movimientos. Los labradores y los trabajadores agrícolas siguieron pronto un ideal anarquista del pueblo que apostó por la autogestión, el colectivismo y la igualdad. Este ideal tuvo una larga tradición en España. Organizada en hermandades los labradores, sus seguidores defendieron el cooperativismo español con fuerza desde la Edad Media. No obstante la clase obrera urbana y rural apenas tenía representación política. A principios del siglo XX la forma de gobierno en España era una monarquía constitucional. Se alternaban en el poder el Partido Conservador y el Partido Liberal. Pero el sistema político no funcionaba bien y la situación del pueblo español era muy mala. Por eso la aspiración de la democracia en España especialmente en la población baja fue desarrollar primero pensamientos radicales. La revolución francesa y los modelos en el continente europeo contagiaron los españoles para deshacerse del rey y luchar por la democracia. Al final del siglo XIX España perdió sus últimas colonias, entre ellas Puerto Rico, Cuba y Filipinas. Para compensar las carencias, España ocupó Marruecos. La población protestó contra estas acciones del gobierno. En la guerra mundial primero España se comportó neutral, lo que supuso un expansión económica. Sin embargo el estado sufrió una crisis de estado permanente y la monarquía constitucional fue débil. Desde 1917 hasta 1923 el gobierno cambió trece veces. Además el gobierno de Cataluña exigió la independencia regional y la separación del estado y de la iglesia. Había tensiones entre los ricos, los terratenientes democráticos. No solo la iglesia y el éjercito se vieron afectados, sino también los labradores y los trabajadores que luchaban por más justicia social y por mejores condiciones de trabajo. En 1923 el capitán general de Barcelona J. Primo de Rivera fundó en acuerdo con el rey Alfonso XIII una dictadura militar. España estuvo dominada por una dictadura militar desde 1923 hasta 1930 que disolvió las instituciones representativas del pueblo pero también partidos políticos y sindicatos. Fue una época de censura y de persecución de anarquismo e intransigencia frente a los movimientos nacionalistas, en la que se vio comprometido el rey Alfonso XIII de España. Él sometó una sublevación en Marruecos pero tuvo que ceder ante los adversarios de su partido político. Después, en el año 1930 el dictator se retiró y también se tambaleó la corona. Tras el éxito de los partidos republicanos en las elecciones generales en 1931 el rey Alfonso XIII abdicó el 14 de abril de 1931 y se fue al exilio. La república nueva obtuvo una constitución democrática, pero los resultados electorales se manipulaban. Esta forma del gobierno se conoce en los libros de historia como "La Segunda República" y significaba el primer paso en la vía por la democracia en España porque este periodo político en la historia de España, que empieza el 14 de abril de 1931 se llama Segunda República y además esta fecha era la fecha de la proclamación del sistema republicano como forma de organización del Estado en sustitución de la monarquía del 1 de abril de 1939. [1] En España, en cambio existe un profundo espíritu democrático en toda la sociedad, aunque no es ajena a la crisis económica. Durante este tiempo esto no deja de lado a la crisis económica que se vive. El aire democrático que rodea estos años lo reafirma la nueva Ley Electoral, en la cual se le quita el poder a los cacicazgos y, a través de Sufragio Universal, las mujeres también tienen derecho a votar. En 1932 Cataluña accede a la autonomía, gracias a la constitución, donde se fija que las comunidades tendrían sus gobiernos autónomos. Los catalanes lo hacen a través del estatuto de Nuria, mientras que los del país Vasco, también tendrían su Estatuto, pero ya en plena Guerra Civil. El parlamento, durante esta época tiene el deber de redactar una nueva constitución, en la cual se establece el Sufragio Universal, la creación de gobiernos autónomos y que el poder ejecutivo queda subordinado a las Cortes. Los partidos políticos a cargo de redactar este documento son, por la derecha, el partido conservador, partido republicano progresista, partido radical, partido agrario y la *CEDA, mientras que por la Izquierda, el Partido Socialista Obrero Español, el *POUM y el *PCE, además de los anarquistas de la *FAI y la *CNT. Esta república se proclama en las elecciones municipales, en donde triunfan los Partidos Republicanos de izquierda. Durante este suceso entra en crisis, en la derecha dimitan Maura y

---

[1] vgl: http://www.anarchismus.at/texte-zur-spanischen-revolution-1936/die-spanische-revolution/736-die-spanische-revolution-1936

Zamora, por el explícito laicismo constitucional y en una segunda instancia, debido a la lucha por el poder entre Radicales y Socialistas. Desde 1933 hasta 1935 una coalición de los partidos radical y la *CEDA, gana las elecciones, quedando el gobierno en estas manos. El gobierno marcha bien, pero se verá amenazado por los partidos de izquierda, todo esto tras la revolución de Octubre de 1934, en Asturias y Cataluña, además de lo ocurrido en Casas Viejas.Tras estos hechos, la derecha queda debilitada e inestable por lo que convoca a elecciones nuevas en 1936 las cuales gana el Frente Popular. Este nuevo gobierno, izquierdista, pone en proceso muchas reformas que habían quedado en suspenso. Además trata de fomentar la revolución social, mientras que la derecha intenta un movimiento democrático liberal. Durante este periodo no se propuso un cambio inmediato de forma de gobierno, pero aun así, la burguesía perdió control en los órganos de gobierno. El campesinado supone el porcentaje de la población más activo políticamente y la agricultura el principal sector económico. Para ellos la República significa la implantación de una importante reforma agraria política, que acabase con la gran propiedad. [1]

2.1   El conflicto - ¿ Por qué comienza el conflicto?

Als im Februar 1936 die Volksfront aus Sozialisten, katalanischen Liberalen, Faschisten und kommunistischen Parteien die Parlamentswahlen gewinnt, sind die Kräfteverhältnisse in der spanischen Republik umgeschlagen und die Republikaner aus Katholiken und Grundbesitzern, die Rechte, muss sich der Linken geschlagen geben, obwohl die Linke im Parlament auf Grund des Mehrheitswahlrechts deutlich in der Unterzahl war. Dennoch konnten sich die Nationalisten wegen ihrer Listenverbindung gegenüber den Rechten der sogenannte „Frente Nacional" [2] durchsetzen und waren ab diesem Zeitpunkt die erste Macht im Parlament. Diese Wahl sollte dabei der politische Vorläufer für die gewaltsame Verdrängung der Republik durch den Franquismus [3] in die Geschichte eingehen. gewaltsam verdrängt wurde. erste Schritt erste   Als

---

[1] vgl: http://es.answers.yahoo.com/question/index?qid=20080604120916AA32C9t
[2] vgl:http://de.wikipedia.org/wiki/Zweite_Spanische_Republik#Volksfront_und_Verschw.C3.B6rung_1936V
[3] vgl. 2

Vorbild für die Rechte agierte dabei eine Reihe von Volksfrontbildungen in Europa, die auch als „Frente Popular" [1] bezeichnet wurde und erstmals unter Léon Blum in Frankreich als „Frente Populaire" auftrat und später unter deutscher Präsenz in Spanien ab 1936 zum Tragen kam. Diese Volksfronten wollten zwar keine „Weltrevolution" [2], aber mit Bündnissen mit den rechten Parteien die Macht im Staat übernehmen. Als Reaktion auf diese Volksfront der Linken kam es zu unzähligen Straßenschlachten und die militaristischen Nationalisten, die sogenannten „Falange española" [3] beginnen mit ihrem Terror, während das „Militär die Machtübernahme" [4] vorbereitet. Zu deren Schutz und der Nichtverdächtigung für die Realisierung eines Putsches versetzte die „Volksfront-Regierung" [5] Offiziere an andere Stelle, wie den Militärgeneral Franco auf die Kanarischen Inseln, um sich nicht des Putsches zu verdächtigen. Dieser Machtmissbrauch auf hoher Ebene war dabei aber nicht alleine der Hauptgrund für die Entstehung des Spanischen Bürgerkrieges, denn die Existenz der beiden radikalen Gruppen in Spanien drängte auch deren Streben nach geografischen Gebieten aus und man wollte sich immer weiter ausweiten, was auch zu einem Mangel an demokratischem Zusammenleben zwischen der beiden politischen Gruppen führte. Es wurde gegenseitig nicht mehr respektiert, aus Rivalen wurden erbitterte Feinde.

Durch eine Vielzahl an Zusammenstößen und Anschlägen auf dem Festland durch die Milzen wurde die Stimmung zudem weiter angeheizt. Die wirtschaftspolitischen und sozialen Missstände in den „pueblos", sowie die revolutionären Tendenzen der niederen Schichten der Rechten wurden von der Volksfront dabei als Nebeneffekt mit notwendigen Übeln wahrgenommen und die Vorbereitungen für die Machtübernahme gingen weiter. Als am 13. Juli der monarchische Politiker José Calvo Sotelo von Polizisten ermordet wird, haben die Franco-Anhänger, die nationalistischen Linken einen Anlass, um die Macht

---

[1] vgl:http://de.wikipedia.org/wiki/Zweite_Spanische_Republik#Volksfront_und_Verschw.C3.B6rung_ 1936

[2] vgl.4

[3] vgl:http://de.wikipedia.org/wiki/Zweite_Spanische_Republik#Volksfront_und_Verschw.C3.B6rung_ 1936

[4] vgl:http://www.zeit.de/wissen/geschichte/2011-07/geschichte-buergerkrieg-spanien

[5] vgl.2

durch den gewaltsamen Kampf gegen die Rechten zu ergreifen. So rebellierten die rechtsorientierten Militäreinheiten der Nationalisten in einem Stützpunkt der spanischen Garnisonen in Melilla, einer spanischen Stadt in Spanisch-Marokko, gegen das Chaos in Spanien und die Reformpolitik der Linken [1]. Einen Tag später fliegt Franco von Teneriffa nach Nordafrika, um die Führung der Aufständischen zu übernehmen. Diese Rebellion sollte sich zwischen binnen vier Tagen zwischen dem 17.7.1936 und dem 21.7.1936 erst über das marokkanische Festland mit dem Ursprung in Melilla auch auf das spanische Festland, dem „Mutterland" des Konfliktes übertragen.

2.2   Las dos Españas - Republicanos y Fascistas

Der spanische Bürgerkrieg war der Kampf politischer Ideologien der beiden Bevölkerungszentren in Spanien vor dem 2.Weltkrieg. Nach dem Ausruf der zweiten spanischen Republik 1931 kam es zu einer ansteigenden Feindschaft einerseits zwischen den faschistischen und konservativen Bürger und andererseits zwischen den Linken, den Nationalen und den Republikanern, den Rechten. Ein prägendes Kennzeichen dieser beiden politischen Gruppen in Spanien war die enorme Heterogenität, denn die linke Front bündelte Großgrundbesitzer, sowie Zulauf von Monarchie-Anhängern ebenso wie Faschismus-Anhänger und Vertreter des katholischen Konservatismus, während die politische Gruppierung der Rechten aus regionalen Kommunisten aus País Vasco und Katalonien, Liberalen und eben Republikanern bestand, welche ein ausgeprägtes Freiheitsdenken pflegten und offen zur Republik standen. Nach dem ersten fehlgeschlagenen Versuch der Linken die Macht im Parlament zu übernehmen kam es wie bereits erläutert bei den Parlamentswahlen im Februar 1936 zu einem Wahlsieg der Volksfront, ein Bündnis der Linken bestehend aus linksrepublikanischen, sozialistischen und kommunistischen Parteien. [2] Desweiteren gehörten solche „Vereinigungen, [Zusammenschlüsse] und Bewegungen" [3] zu den Linken, die als „Bauern in den

---

[1] vgl: http://www.zeit.de/wissen/geschichte/2011-07/geschichte-buergerkrieg-spanien

[2] vgl: http://www.demokratiezentrum.org/themen/europa/europaeisches-bildgedaechtnis/der-spanische-buergerkrieg.html

[3] vgl.1

damaligen alten Kastilien"[1] galten, die nach der Militärdiktatur immer wieder in kleinen regionalen Revolten „in den vergangenen Jahren für dynastische Fragen strebten" [2] und für eine Wiederkehr der Monarchie unter König Alfonso eintraten. Ein weiterer massiver Baustein in dem Aufbau der Linksfront war die „spanische Phalanx"[3] , die im Oktober 1933 ins Leben gerufen wurde, denn sie spiegelte ein Abziehbild der faschistischen Parteien in Italien wieder. Kennzeichnend für die Machenschaften dieser Partei unter der Führung von José Antonio Primo de Rivera war dabei die Manipulation des Militärs, wodurch die Machtübernahme der Linken erst ermöglicht wurde.[4]Durch die Machtübernahme der Linken veränderte sich dabei auch der militärische Aufbau der Nationalisten, denn durch die „militaristische Unterstützung des faschistischen Italiens Italien mit rund 70.000 entsandten Soldaten, der Hilfe von Portugal und dem Beistand des nationalsozialistischen Deutschland mit der „'Legion Condor'"[5], bestehend aus einer massiven Luftwaffe und modernen Kriegsgefährten sowie neuartiger Kommunikationstechnik und Ausbildungsrekruten mit weiteren 20.000 Soldaten spielten eine mitentscheidende Rolle bei den Kämpfen in Nordspanien."[6] Neben dieser unglaublichen Zahl an Brigadisten kamen das in sich geschlossene Heer an Offizieren der staatlichen Armee und das Afrikaheer aus der spanischen „Fremdenlegion" in Marokko hinzu. [7] Im Laufe des Krieges kam es schließlich zu dem Zufluss an „Soldaten der spanischen Falange-Bewegung"[8] zu dem bestehenden Heer, welches in der sich an den Krieg anschließenden Franco-Diktatur zur Staatspartei werden sollte. [9] Die militärische Präsenz und die Garnisonen der Nationalisten erstreckten sich dabei besonders in den landwirtschaftlichen Gebieten des Landes im andalusischen Hinterland, Kastilien und Galicien sowie im Inneren des Landes rund um autonomen Staat

---

[1] vgl.: http://joselc.wanadooadsl.net/guerra_civil.htm.

[2] vgl.1

[3] vgl.1

[4] vgl.1

[5] vgl: http://www.wissen.de/thema/spanischer-buergerkrieg?chunk=Die%20Kriegsparteien

[6] vgl.2

[7] vgl.2

[8] vgl.2

[9] vgl: http://www.wissen.de/thema/spanischer-buergerkrieg?chunk=Die%20Kriegsparteien

Castilla y Léon und nahe der Hauptstadt Madrid. Dabei ist besonders hervorzuheben, dass jeder Hauptstützpunkt der Nationalisten von den vier mit am besten ausgebildeten Offizieren der spanischen Armee, nämlich Miguel Cabanellas, Manuel Goded Llopis , Juan Queipo de Llano und eben Fransisco Franco geführt wurde, wodurch das nationalistische Heer überaus diszipliniert und einhetlich war. Es verfolgte einen klaren Plan und eine eindeutige Marschrichtung: Die Vernichtung des politischen Feindes. Dabei wurden sie unterstützt von der Mehrheit der staatlichen Landpolizei. „Mit Beginn des Krieges schlug sich die katholische Kirche Spaniens auf die Seite der Aufständischen, wobei sie wohl unwissentlich die gewaltsamen Angriffe auf die „Zivilbevölkerung" [1] Spaniens übersah, weshalb im Gegenzug die Geistlichen den unbändigen Hass der Republikaner zu spüren bekamen und sich der Zerstörung von Klöstern und der Ermordung von rund 7.000 Priestern und Klerikern wiederstandlos ergeben mussten."[2] Die Rechtsfront zeichnete sich hingegen besonders durch ihre Größe aus, denn sie wurde von der eindeutigen Mehrheit der spanischen Zivilbevölkerung gebildet. Dennoch war sie aufgrund der unterschiedlichen politischen Strömungen und Parteien mit verschiedenen Zielen und Einstellungen gegenüber der Republik keine wirkliche Einheit. [3] Dabei ist besonders das staatliche Militär, welches zwar in großen Teilen an die Nationalisten übergegangen ist, rund zur Hälfte verbunden geblieben, war aber dennoch von diesen Ungleichgewichten betroffen, denn so blieben viele Militärgeneräle auf der staatlichen Seite, aber im Gegensatz zu dem nationalen Militär der Linken fehlte es an geschulten Offizieren. Dennoch wurde auch das republikanische Heer durch internationale Brigadisten und Truppeneinheiten unterstützt, denn besonders die Sowjetunion und Mexico sandten rund 2000 Soldaten und eine Mischung aus modernem und ausgemustertem Kriegsmaterial an die Republikaner, welche fast uneingeschränkt aus der spanischen Staatskasse bezahlt worden sind.[4] Neben diesen „Länderbündnissen" haben sich auch tausende an internationalen Brigaden, mehrheitlich freiwillige Freiheitskämpfer aus ganz Europa den republikanischen

---

[1] vgl.5
[2] vgl: http://www.wissen.de/thema/spanischer-buergerkrieg?chunk=Die%20Kriegsparteien
[3] vgl.1
[4] vgl: http://www.wissen.de/thema/spanischer-buergerkrieg?chunk=Die%20Kriegsparteien

Kräften im Bürgerkrieg angeschlossen. Dies waren dabei besonders Sozialisten, Kommunisten und Anarchisten mit vergleichbaren politischen Ideologien wie die Republikaner in Spanien. Insgesamt rund 40.000 „Spanienkämpfer" [1], zumeist voller Enthusiasmus aber eben auch umtriebig und undiszipliniert, machten sich auf den Weg nach Spanien, um die Republik zu verteidigen und die Aufständischen niederzuschlagen, wobei rund die Hälfte im Krieg gefallen ist. Die Republikaner besetzten dabei besonders die Industriegebiete des Landes in den nördliche Staaten Kantabrien und das Baskenland sowie die Peripherieräume im Inneren des Landes rund um Madrid und Castilla La-Mancha. Desweiteren waren die Bergbaugebiete in Galicien unter republikanischer Führungshand aber auch neben Katalonien und Valencia der autonomen Staat Asturien und die Insel Mallorca. [2]

---

[1] vgl. 4
[2] vgl. 1 , o.o.a im Quellenverzeichnis

3. La Guerra Civil 1936 – 1939 - ¿ Cómo se desarrolló la guerra hasta llegar a su final?

Nach der blutigen Militärrevolte in Marokko im Jahr 1936, wurden im Frühjahr 1937 die Aufständischen unter der Führung von General Franco von deutschen Lufteinheiten auf das spanische Festland überführt. Schon zuvor wurden die letzten Hoffnungen auf ein abruptes Ende des Krieges [1] im Keim erstickt, als die Faschisten die Militärbasis „El Ferrol" [2] in der Hafenstadt Ferrol in Galicien eroberten. Gemeinsam verbündeten sich die Aufständischen mit den Militärkräften des Generals Quipo de Llano und drangen bis über die Grenzen Kastiliens vor. Dort, in Burgos, wurde alsbald eine weitere Junta-Regierung, eine militärische Vereinigung installiert, dessen Führung ebenfalls Francisco Franco übernahm. Durch die Vereinigung mit den Truppen von General Mola konnten die Franco-Truppen weitreichende Gebiete des westlichen und nördlichen Festlandes erobern. Dabei war die Übernahme der Stadt Toledo am 27.September ein erster Meilenstein der Nationalisten, die Macht im Staat an sich zu reißen. Somit waren die die Republikaner gezwungen ihr verbliebendes Hoheitsgebiet über ein ausgefeiltes Armeesystem ab 1937 unter dem Offizier José Miaja Menant zu verteidigen, nachdem sich, wie schon in Marokko große Teile der Armee den Aufständischen anschlossen. Außerdem hatte sich inzwischen die republikanische Regierung aus ihrem Zentrum in Madrid hin weiter weg von dem Kampfzentrum nach Valencia zurückgezogen[3]. Dies war gleichsam der Beginn der 2.Kriegsepisode, denn nachdem der erste Versuch die Hauptstadt Madrid zu erobern fehlschlug, eroberten die nationalistischen Truppen im März 1937 zunächst das Baskenland, um anschließend den gewaltsamen Kriegshöhepunkt und grausamsten Akt ihres Kriegszuges zu vollziehen vollzogen, denn mit dem fatalen Angriff der deutschen Luftbomber, der „Legion Condor" [4] am 26. April 1937 wurde die heiligste baskische Stadt Guernica vollständig ausgelöscht. Dieser fatale Bombenangriff änderte die Kriegshaltung der Regierung und sie begann sich mit steigender Gewaltbereitschaft und Frequenz zu wehren. Am 19.Juni 1937 schließlich ist

---

[1] vgl.: http://uni-protokolle.de/Lexikon/Spanischer_B%FCrgerkrieg.html
[2] vgl. 3
[3] vgl.3
[4] vgl.: http://uni-protokolle.de/Lexikon/Spanischer_B%FCrgerkrieg.html

die Übernahme des Baskenlandes vollzogen und die Hauptstadt Bilbao von den Nationalisten eingenommen. Erst im Dezember dieses Kriegsjahres gelang es den republikanischen Truppen schließlich noch einmal die Stadt Teruel aus den „faschistischen Klauen" der Nationalisten zu befreien und aus dieser Basis eine Gegenoffensive zu starten, die jedoch erfolglos blieb [1]. Die Stadt überging anschließend im Februar 1938 wieder in die Hand der Faschisten. Die dritte Phase des Bürgerkrieges war mit der Zurückeroberung Teruels durch die Nationalisten erreicht und bis zum Ende des Jahres schafften es die Nationalisten, dass unabhängige Katalonien von dem übrigen Festland zu isolieren. Der 14. April 1938 ist dabei ein wichtiges Datum in der Kriegsgeschichte, denn die Nationalisten sorgten für die Teilung des spanischen Festlands, dem Gebiet der Republikaner in zwei Hälften [2] (vgl.6). Auch nach Friedensangeboten seitens der Regierung fand der Krieg kein Ende, denn die von Franco eingeforderte Kapitulation wurde ebenso abgelehnt wie der Friedensvertrag. Die Kämpfe an allen Fronten spitzten sich immer weiter zu und die Todeszahl stieg dramatisch an. Das Elend war grenzenlos, die Bevölkerung obdachlos und vor dem Tod fliehend. Die Kugeln flogen im ganzen Land und eine Schlacht folgte auf die nächste. So sollten es die republikanischen Kräfte in der berühmten „Schlacht am Ebro" [3] im Juli 1938 das letzte Mal schaffen über die Faschisten zu siegen und sie zurückzudrängen. Ihr Ziel war es, die verlorenen Gebiete mit einigen effektiven Gegenangriffen wieder miteinander zu verbinden [4] Die Schlagzahl der nationalistischen Angriffe stieg immer weiter an und auch die enorme internationale Unterstützung aus Deutschland und Italien wurde immer, wodurch sich die Republikaner ab diesem Zeitpunkt dauerhaft in die Defensive gezwungen wurden. Deshalb folgte im Dezember 1938 der Einmarsch der Nationalisten in Katalonien. Das Überschreiten der Grenzen Kataloniens war gleichzeitig der Anfang der letzten Kriegsperiode, denn in kurzer Zeit, am 26.Januar 1939 überging die Herrschaft in Katalonien vollständig an die Nationalisten. Die Stadt Tarragona musste als erstes am 14. Januar 1939 kapitulieren, bevor am 26. Januar 1939 Barcelona

---

[1] vgl.2

[2] vgl: http://uni-protokolle.de/Lexikon/Spanischer_B%FCrgerkrieg.html

[3] vgl. http://www.hausarbeiten.de/faecher/vorschau/95059.html

[4] vgl.1

eingenommen wurde und schließlich Girona am 5. Februar 1939 von den Faschisten überrannt und erobert wurde[1] Katalonien war erobert und somit auch die „Hochburg des republikanischen Wiederstandes"[2], was den endgültigen Ausgang des Krieges nach sich zog. Der vor dem Krieg aus der Volksfront gewählt Staatspräsident der zweiten spanischen Republik, das Oberhaupt der Republikaner, Manuel Azaña y Díaz Republik flüchtete am 7. Februar 1939 ins französische Exil [3], um am 24. Februar 1939 endgültig abzutreten. Nachdem zunächst der oberste Vertreter Azañas Casado vorläufig die republikanische Führung übernahm und versuchte einen Friedensvertrag mit Franco auszuhandeln, welcher jedoch von Franco in seinem Streben nach immer mehr Macht umgehend abgelehnt wurde und den Weg für das Zeitalter des „Franquismus", der Franco-Diktatur amtlich machte.

4. ¿Quién era Francisco Franco y cómo cambió su política la vida en España? ¿Cómo vivía la sociedad?

Francisco Franco en España mejor conocido por „El Caudillo"- el líder era uno de los últmos dictadores en Europa y también oficial y legionario en el ejército español[4]. Nació el 12 de abril 1892 y murió el 20 de noviembre 1975 en Madrid. Con su muerte se acabó una dictadura de 30 años. Su obra era un régimen fascista en España, que estaba apoyando por las potencias de Europa. Ya en su juventud Franco vivió una carrera del ejército como muchos de sus compañeros de armas. Cuando tenia 15 años fue miembro del ejército y rapidamente se formó su carrera. 8 años después, en el año 1916 Franco fue el general de brigada más jóven en la historia del ejército de España. Por eso mismo lo eligeron como el comandante de la legión extranjera en las colonias españolas en 1922. [5] Por sus éxitos en otros países en 1926 logró ser el general del ejército mas jóven de la historia. En 1935 llegó a su punto máximo

---

[1] vgl: http://uni-protokolle.de/Lexikon/Spanischer_B%FCrgerkrieg.html#Der_Krieg:_1938
[2] vgl. 3
[3] vgl: http://www.cosmiq.de/qa/show/746242/Spanischer-Buergerkrieg/
[4] vgl: http://www.focus.de/wissen/tests-onlinespiele/allgemeinbildung/politiker/personen-der-zeitgeschichte-francisco-franco_aid_8275.html
[5] vgl: http://de.wikipedia.org/wiki/Francisco_Franco

de su carrera militar, porque era jefe del ejército de España. En toda la carrera Franco no escondió su actitud en frente de los ideales animosidades republicanos y ideales fascistas. Ya en los primeros años de su carrera se marcó que Franco es un humano poderoso y siempre disfrutando mostrar su autopercepción al mundo. Sin embargo su actitud siempre era fiel y leal en frente del ejército español, siempre luchó con orgullo y honor para su patria. Esa actitud se cambió fundamental cuando el gobierno frente popular lo dedució por sus animosidades republicanas como comandante supremo. [1]

Para mostrar su protesta contra la afrenta del gobiero se alió con los nacionalistas y participió en el comienzo de la Guerra Civil: La rebelión militarista en Marruecos. Después de la Guerra Civil se extendió a la tierra firme español, el gobierno „Junta" lo eligió por general del ejército nacionalista, después lo eligieron como el jefe de la oposición parlamentaria. El último acto de su toma del poder realizó en marzo 1939, cuando sus tropas nacionalistas ganaron contra los republicanos en la Guerra Civil, asi destruyeron república parlamentaria. Después de la victoria a travéz de los republicanos y después de la caída del parlamento de la seguna repúplica española, estaba gobernando el país en la manera de su dictadura, cuál empezó cuando la guerra civil se acabó en 1939.[2] La vida cotidiana, durante la dictadura fascista de Francisco Franco desde 1939 hasta 1975, era cambiar la sociedad española en muchas partes. Resumiendo se puede decir que la dictadura no era comparable con la vida de España hoy y antes de la Guerra Civil. El cambio grave de la sociedad que se desarrolló por la dictadura de Francisco Franco era la deslegalización de la libertad de prensa y la opinión pública en la sociedad. Por eso la cultura lingüística de los españoles, el centro de su vida social y la comunicación fueron impedidas casi totalmente y por consiguiente la evolución social y el desarrollo personal de cualquier ciudadano también. En especial los republicanos que sobrevivían la Guerra Civil eran dominio enfocado de las milicias y limitados en sus derechos de personalidad y vida social. La miseria fue inconcebible en el país. Por eso la mayoria de los españoles iban a las fronteras francesas de las ciudades para mirar películas que no podían presenciar en España. Un objetivo fundamental de Francisco

---

[1] vgl: http://www.cosmiq.de/qa/show/746242/Spanischer-Buergerkrieg/
[2] vgl: http://www.whoswho.de/templ/te_bio.php?PID=1525&RID=1

Franco era la formación del ejército pues no existía el derecho de objeción de conciencia. Los jóvenes que rehusaban el servicio militar eran arrestados. Además, cada ciudadano republicano debía pensar muy bien lo que se decía y en qué modo lo hacía. Por esa razón era mirado como inmoral usar bikini. En general existían muchas enemistades entre políticos, curas y militares y en las universidades el gobierno instaló agentes de la policía. Además la formación política la concedían sólo profesores que eran adictos del régimen. Otro aspecto, era que los enamorados no podían besarse en la calle, por eso iban a la estación a encontrarse para evitar la multa por escándalo público. Por un lado en el interior de las familias y entre parejas sólo existía la eventualidad de contraer matrimonio por el civil y por otro lado no había la posibilidad del divorcio.Las madres solteras no eran aceptadas por la sociedad, por lo cual eran aisladas y se les tenía prohibido tomar la píldora. Por eso tenían que hacerlo clandestinamente. Un símbolo en este contexto era que las madres debían salir de España para poder abortar sin peligro. Para Francisco Franco, las relaciones prenupciales eran una afrenta para la familia. Por eso las familias sólo les podían poner nombres de santos, cristianos y simbólicos a sus hijos. Concluyendo se puede decir que Francisco Franco era el dictator totalitario sobre millones de españoles. La resistencia de la población fue defender completamente y la vida social, ya que no existían sino solamente la realidad de una vida en opresión y supervisión. El fundamento de la vida social era limitado tan fuerte por Franco para no estar expuesto a los peligros de un levantamiento popular. Franco ordenó, y el ejército obedeció, por eso miles de españoles tuvieron que morir después de la Guerra civil que lucharon contra el regimen, y asi mejorar su condición de vida y recuperar la República . Ellos querían derrocar la dictadura.[1]

4.1 ¿Cómo llegó Francisco Franco al poder y que hizo para ganar aliados?

Después de la dictadura militar en los años treinta, había que solidificar España luego del establecimiento de la segunda república. Aunque la dictadura era superior a la república, no le agradaba a todos y las voces desde África de

---

[1] vgl: Meyer, Jens: C.C Buchner (Verlag) - Prisma del Mundo Hispánico – „La España de hoy y sus raíces" - S.41-43 - Auflage: 2008

origen castrense se alzaron en contra de una nueva forma de gobierno que desechaba valores clásicos como la monarquía y la iglesia.

La revuelta nacional fue un intento a la fuerza contra la república y cuyo poder señalaba Mola y Sanjurjo anunciá el retorno de la monarquia al mando. Como todos acudian conquistar los nacionales con Franco al poder, que "curiosamente tomó tras la caida de los generales antes nombrados". [1] Además Franco llevó la Guerra Civil con criterios conservadores, muy lejos de la Guerra rápida que defendían las doctrinas modernas. La unidad impuesta en su bando contrastaba con los enfrentamientos que desangraban al bando leal a la República no sólo con disciplina y la profesionalidad de sus fuerzas sino también con la politización y el voluntarismo de sus enemigos, si a esto se une la ayuda militar que le prestaron la Alemania Nazi y la Italia fascista, puede explicarse la victoria que Franco consiguió en 1939. [2] Esta era la causa número uno de la victoria de Francisco Franco y sus aliados. Sus estudios para adquirir el rango de oficial, con cargo de Alférez, los realizaba con medianía. Salío con el número 251 de los 312 oficiales del ejército español que acabaron en su promoción. Sin embargo su carrera militar posterior fue metórica y por eso fue el primero de su promoción en llegar a general, lo cual conseguiría con treinta y tres años, convirtiéndose así en el general más joven de España y de Europa. Esta carrera fulgurante se dío por méritos de guerra. En cambio en el bando republicano había constantes disputas entre nacionalistas y anarquistas.[3] Estas diferencias aprovechó Franco, con la ayuda de los Nacionalistas, quienes propagaron sus ideales y objetivos hacia sus detractores, para tomar la república.En este contexto Franco atrajo sus aliados con la ayuda de su audacia, estrategias y potencia en la misma manera y por grupos iguales en la revuelta en Marrueco, el comienzo de la Guerra Civil española. [4] Franco intentaba fusionar los diferentes partidos, por lo que agilizó la toma del poder, aun cuando muchos estaban decepcionados. Los monarcas con motivo de falta de restauración, el pueblo a causa de la ausencia de revolución social, y finalmente los republicanos conservadores con ocasión de

---

[1] vgl: http://mx.answers.yahoo.com/question/index?qid=20090113104905AAS3kl6
[2] vgl: http://www.biografiasyvidas.com/biografia/f/franco.htm
[3] vgl: http://es.answers.yahoo.com/question/index?qid=20080422112452AANVANb
[4] vgl:http://html.rincondelvago.com/francisco-franco_5.html

golpe de estado. Sin embargo, Franco se podía unir a cualquiera de estos grupos políticos, por su propio partido y seguidores militaristas. Francisco Franco encontró uno o más accesos a los ciudadanos nacionalistas, con la mediación de la importancia de la Iglesia y la propiedad privada, como las estructuras estatales y la adaptación de valores culturales. Él disfrutaba sus éxitos militares y los ideales para atraer a los españoles a su lado. [1]

5. Las consecuencias de la Guerra Civil española y su legado por la historia moderna de España?

„Regierung, Demographie, Wirtschaft und Gesellschaft, die Grundelemente eines Staates - umgeworfen durch einen Krieg des Volkes. Der spanische Bürgerkrieg stürzte alle dieser Säulen in einem vorher noch nicht bekannten Ausmaß. Die Folgen des spanischen Bürgerkrieges waren staatsübergreifend und führten zu immensen Auswirkungen auf die „menschlichen Opfer des Krieges"[2], denn es starben schätzungsweise eine halbe Millionen kämpfende Spanier und Brigadisten. Doch nicht nur diese unvorstellbaren Massen an Toten und die „riesigen Leichengräber" sind ein Erbe des Bürgerkrieges, sondern auch der „Todeszug", einem Akt der auch noch heute Gräben in der spanischen Gesellschaft aufwirft, bei dem der Nationalisten nach dem Sieg über die Republikaner noch tausende Republikaner willkürlich getötet haben. Eine andere tiefe Wunde in die spanische Gesellschaft entstand durch die unzähligen Flüchtlinge, die dem „sicheren Tod" an die französische Küste, Mexiko und Argentinien zu fliehen versuchten[3]. Die genaue Anzahl an Toten ist zudem quantitativ nicht exakt bestimmbar, denn dem Krieg folgten Hungersnöte, Epidemien und eine allgemein stark sinkende Geburtenrate. Außerstab starb die Psyche der rund 300.000 Exilanten starb mit und somit auch ein großes Stück der spanischen Kultur. Die Auswanderungsströme hatten besonders starken Einfluss auf die spanische Demographie, denn die werkenden und künstlerischen Arbeitsschichten, besonders die aufstrebenden

---

[1] vgl: http://a5.sphotos.ak.fbcdn.net/hphotos-ak-
prn1/s720x720/541244_10150809450629387_292236804386_9927631_141219852_n.jpg
[2] vgl: http://centros1.pntic.mec.es/ies.maria.moliner3/guerra/consecu.htm#
[3] vgl: http://es.answers.yahoo.com/question/index?qid=20080422112452AANVANb

jungen Arbeiter wie Künstler, Schriftsteller, Wissenschaftler flüchteten ins Exil und sorgten damit für eine endgültige Abgeschiedenheit ohne Möglichkeit auf Wiedereinbürgerung. Im Zuge des „republikanischen Exils" wurden zudem tausende von Familien zerstört, denn die Kinder wurden zum Schutz vor dem Krieg ins Exil gebracht und mit ihren Einzelschicksalen allein gelassen. Eine Zukunft bestand für viele Neugeborene nicht mehr. Auch die Wirtschaft des Landes wurde durch den Bürgerkrieg vollkommen zerstört. Die wirtschaftlichen Prozesse mussten fast vollständig eingestellt werden, denn sowohl die „Infrastruktur sowie die Vieh - Parkplatz - und Eisenbahnindustrie"[1] sorgten für eine Zerstörung der staatlichen Kapazitäten und es folgten die „Jahre des Hungers"[2]. Dies führte zu einem wirtschaftlichen Stillstand und großes Elend in der spanischen Bevölkerung für über ein Jahrzehnt. Das Pro-Kopf-Einkommen in der Bevölkerung brach zwischen 1936 und 1950 rapide ab und reichte schon alsbald nicht mehr zum Leben aus. Erst 1960 wurden langsam wieder die Werte von vor dem Krieg erreicht. Die Obdachlosigkeit der Spanier durch die rund 250.000 vernichteten Häuser und zivilen Straßen, sorgte darüber hinaus für den Zusammenbruch der Infrastruktur - und Kommunikationsnetze, sowie der Staatspleite der Republikaner als Folge der Entschädigungszahlungen für die Kriegshilfe der Sowjetunion aus der Staatskasse, kam es zur vollständigen Isolation des Landes. Um die ökonomische Katastrophe in den Griff zu bekommen, war Spanien zudem gezwungen den aufgebauten Industriestaat wegen der großen Zerstörung aufzulösen und wieder auf die Agrarwirtschaft zurückzugreifen. Dies beinhaltete zudem die Rückkehr zur alten Landoligarchie. Das wirtschaftliche Elend der spanischen Zivilbevölkerung wurde ab 1939 zudem durch die sozialen Konsequenzen intensiviert, den durch das Franco-Regime kam zu dem Verlust jeglicher Freiheit und dem Ersticken jeglichen Versuchs des Widerstandes, denn die aus dem Krieg resultierende 30-jährige Militärdiktatur Francisco Francos stürzte die bestehenden Staatsverhältnisse und drückte dem Volk durch den Aufbau eines totalitären Staates seine Herrschaft auf. Die bis in die Gegenwart reichende Diskussion, um die „zwei Spanien" hat ihren Ursprung in den moralischen Folgen des Bürgerkrieges, denn das Land hat sich geteilt und auch das Leid der Bürgerschaft wurde durch

---

[1] vgl: http://centros1.pntic.mec.es/ies.maria.moliner3/guerra/consecu.htm#
[2] vgl.2

die Unterdrückung nach dem Krieg nicht gelindert. Der Hass zwischen den Parteien baute sich immer weiter auf, denn immer wieder attestierte Franco, dass es unter ihm niemals zu einer Aussöhnung kommen würde und Verfolgung und Bestrafung der Republikaner bestehen bleibt. So waren in der Nachkriegszeit rund 350.000 zivile Bürger, meist aus Gründen des politischen Wiederstands gefangen genommen und lebten im Gefängnis. [1]

---

[1] Text: vgl: o.o.a Quellen:
vgl:http://www.erinnern.at/bundeslaender/vorarlberg/bibliothek/dokumente/70-jahre-spanischer-burgerkrieg

6. ¿ Cómo recuerda España el conflicto y cómo se reconcilia el presente con el pasado?

"Auch ein verlorener Kampf ist nicht vergebens. Spätere Generationen lernen daraus." [1]

„Dieses Zitat von Bertold Brecht liefert die zeitbrechenden Spätfolgen und die Problematik von Bürgerkriegen für die demographische und soziale Entwicklung eines Landes, wie es am Beispiel des spanischen Bürgerkriegs eindrucksvoll zu erkennen ist wieder, denn die zwei Spanien des Bürgerkriegs existieren auch drei Generationen nach dem Bürgerkrieg, 75 Jahre später noch und auch das „Erbe des Bürgerkrieges und der Franco-Ära" [2] ist nach wie vor unbestritten. So gab es mit der „Transición" in Spanien ab 1975 keine psychische und geschichtliche Vergangenheitsbewältigung mehr, die mit den Vorbildern des Umgangs mit dem Nationalsozialismus in Deutschland seit 1945 nicht zu vergleichen ist. So spricht der Der britische Historiker Anthony Beevor von dem Prozess des "Pakt des Vergessens"[3], der in Spanien praktiziert wird, bei dem es weder „(…) Prozesse gegen Generäle oder Folterer der Polizei sowie keine Wahrheits- und Aussöhnungskommissionen wie nach dem Ende der Apartheid in Südafrika gab"[4]. Viele Historiker und Sozialpolitiker kommen deswegen zu dem Resultat, dass das Regime Francos mit seinem „Gründer im Bett sterben" [5] durfte, weil es schlicht und ergreifend nicht gestützt worden war.[6] Insgesamt wurde die Erinnerungen an den grausamen Bürgerkrieg und an die fast vierzigjährige Diktatur erst in den Anfängen der neuen spanischen Demokratie von 1978 verdrängt und aus dem politischen Austausch ausgeschlossen, wie es der langjähriger FAZ-Korrespondent Walter Haubrich in Spanien berichtet. Dieser Auffassung von Haubrich folgt auch Bernecker, denn er ist im allgemeines wie Haubrich der Meinung dass es nach wie vor zwei Spanien gibt und auch die Vergangenheit unbewältigt geblieben ist[7]. „Die Gräben sind

---

[1] vgl: http://www.erinnern.at/bundeslaender/vorarlberg/bibliothek/dokumente/70-jahre-spanischer-burgerkrieg

[2] vgl: http://www.heise.de/tp/artikel/23/23273/1.html

[3] vgl. 1

[4] vgl: http://www.heise.de/tp/artikel/23/23273/1.html

[5] vgl: http://www.heise.de/tp/artikel/23/23273/1.html

[6] vgl: http://www.heise.de/tp/artikel/23/23273/1.html

[7] vgl: http://www.heise.de/tp/artikel/23/23273/1.html

wieder vorhanden, die Polarisierung ist wieder da" [1] . Diese Einschätzung wird auch von der spanischen Bevölkerung geteilt, denn rund 55 Prozent aller Spanier sind nach einer von „El Mundo" der Meinung, dass es auch heutzutage noch „zwei Spanien" gebe.[2] Dabei sind besonders die Linken die Hauptverusacher dieses „Pakt des Schweigens"[3] , denn zwischen 1982 und 1996 unterlag ihnen die Herrschaft über das Land, weswegen die Schuld für diese Entwicklung bei den Linken gesucht worden ist. Diese Schuldzuschreibung wurde von dem Regierung smitglied Felipe González als Hochverrat an den Opfern des Bürgerkriegs empfand[4], denn schließlich war es die Linke, welche den Bürgerkrieg verloren hatte und auch danach noch gewaltsam verfolgt worden sind [5]. Dabei waren die Gründe für das Prinzip des Ausschweigens ein „offenes Geheimnis". So sieht der populäre Historiker Julio Aróstegui von der „Universidad Complutense" in Madrid die bloße Ursache darin, dass die linke Regierungspartie, die PSOE „(...) den Anfang der Demokratie nicht belasten" [6] wollte, denn auch nach dem Tod von Francisco Franco unterlag die Herrschaft im Staat den linken Parteien, den faschistischen Franquisten. Für Haubrich stellt es zudem eine Notwendigkeit dar, daran zu erinnern, dass besonders viele treue Franco-Anhänger und Zeitzeugen der Diktatur die Demokratie nicht ohne Widerspruch hinnahmen und zum Schutz und Verteidigung ihrer politischen Ziele und Ideologien die „öffentliche Diskussion über Krieg und Diktatur" [7] verhindern wollten. Eine der schwersten Folgen eines Bürgerkrieges sind neben den vielen Toten und den „grauenhaften Erinnerungen" besonders die Spätfolgen der nächsten Generationen bei der Vergangenheitsbewältigung. Die Zeit des Spanischen Bürgerkrieges und die Zeit der Franco-Diktatur sind allgegenwärtig und fest in der spanischen Gesellschaft verankert. Jeder Bürger hat ein Bild vor Augen, wenn er auf die „schwarzen Jahre" der spanischen Geschichte zurückdenkt. Dieses Bild indiziert die Lebensaufgabe eines Spaniers und formt seinen

---

[1] vgl.4
[2] vgl: http://www.heise.de/tp/artikel/23/23273/1.html

[3] vgl: http://www.heise.de/tp/artikel/23/23273/1.html
[4] vgl.1
[5] vgl.1
[6] vgl.1
[7] vgl: http://www.heise.de/tp/artikel/23/23273/1.html

Charakter und seine politischen und sozialen Gedanken. Das Zusammenleben zwischen Republikanern und den Linken erfordert Toleranz und Verständnis für die anderen, denn ohne diese Attribute wird die Zweiteilung Spaniens, wie sie oft in der Gesellschaft propagiert wird, in absehbarer Zeit, wieder zu Konflikten oder Revolutionen führen – und somit auf ihrem Höhepunkt auch zu erneuten Bürgerkriegen. Die Aufgabe der Regierung muss es sein, die alten „Kämpfe der Ideologien" mit neuen politischen Konzepten und der neuen Regierungsform so zu führen, dass beide Gesellschafts-Gruppen für diese Regierungsprogramme und wirtschafts- und sozialpolitischen Zukunftspläne Unterstützung aufbringen, um den ständigen Konflikt, welcher durch die gesellschaftlichen Probleme der Neuzeit in Spanien immer wieder auflebt zu beenden und einen friedvollen und sozialen Staat nach der Leitidee „España limpia social" aufbauen zu können. Dennoch sind auch 75 Jahre nach dem Bürgerkrieg und dem anschließenden Zeitalter des Franquismus noch immer nicht alle „Spuren" der Zeit beseitigt, was in Spanien immer wieder zu neuem Konfliktpotenzial führt und die Spätfolgen wieder aufleben lässt. Diese scheinbar nicht zu beseitigenden Spuren sind dabei besonders in Hinblick auf die „Transición democrática" des Jahres 1978 schwer zu erklären, denn zu diesem Zeitpunkt haben sich die politischen Parteien auf eine Versöhnung geeinigt. Trotzdem hegen die Linken auch heute immer noch eine faschistische und militärische Verschwörung gegen die Regierung. So berichtet der Brigadist George Orwell, dass alle glauben, dass all diese Grausamkeiten durch die Erzfeinde und nicht durch die eigenen Mitstreiter herbeigeführt worden sind.

7. Mi opinión - ¿Qué pienso sobre la Guerra Civil española y cómo valoro la afirmacion que todavía existen dos Españas hoy?

Durch meine Facharbeit konnte ich einen tiefgründigen Einblick in die Entstehungsgründe und Zusammenhänge des spanischen Bürgerkrieges erlangen und mehr über den Umschwung eines Konfliktes zweier politischer Ideologien zu einem blutigen Bürgerkrieg erfahren. Es ist mir ein Anliegen direkt an erster Stelle zu sagen, dass der spanische Bürgerkrieg für mich kein Vorläufer oder militärisches Übungsfeld für den 2.Weltkrieg war, sondern vielmehr ein Ausbruch fehlender Kommunikation und Toleranz zwischen den Kriegsparteien, denn ein Konflikt über die staatliche Regierungsform oder die Zustände in den ländlichen Regionen eines Landes darf kein Akt von Kriegsgewalt sein, sondern muss über Gesetze und Reformen gelöst werden. Schließlich sind es die Menschen, das Erbe und die Kultur eines Landes, welche die Zukunft eines Landes stellt und nicht der Kampf um die Durchsetzung politischer Ideologien an der Spitze des Staates. Ein Land muss immer im Inneren eins sein, auch wenn es Foren geben muss, in der Meinungsfreiheit, Menschenrechte und Interessenskonflikte der Politik, Wirtschaft und den sozialen Aspekten des Zusammenlebens diskutiert werden und demokratisch gelöst werden müssen. Besonders erschreckend für mich, ist dabei die Tatsache, dass es immer noch ungeklärte grausame Geheimnisse, die in der Zeit des spanischen Bürgerkrieges begraben liegen, gibt, denn ein Volk muss um seine Vergangenheit, seine Wurzeln wissen und nicht vor den Massengräbern des Bürgerkrieges stehen und sich eingestehen, dass es nicht nur die Menschen waren die gestorben sind, sondern auch die spanische Identität und die Basis der spanischen Gesellschaftsverhältnisse. Meiner Ansicht nach ist es seitens der Spanier ein Fehler, den Tod des einstigen Diktators Franco nicht in Frage zu stellen, denn in den Köpfen vieler Bürgern und derer Mentalität ist er mit seinen persönlichen Ideologien, seiner diktatorischen Führung und mit seinen politischen und sozialen Machenschaften nach wie vor fest verankert. Dabei ist für mich besonders der Umgang mit der Vergangenheitsbewältigung ein Aspekt, denn ich nicht nachvollziehen kann, denn bei uns in Deutschland gab es auch

Vergangenheitsbewältigung und auch wir, den wir den Spaniern mit unserer Kriegsgeschichte kein gutes Beispiel sein können, haben uns von den Nazis freigesprochen und uns neu erfunden. Wir sind den richtigen Weg gegangen, wir waren offen und haben aus diesen Gräueltaten eine emotionale Diskussion gemacht, dessen Resultat heute in dem deutschen Einheitsdenken zum Tragen kommt. In Spanien hingegen und dass ist die eigentliche Problematik, führt der Weg, den die Spanier bevorzugen, dazu das die Gräben zwischen den Parteien nicht geschlossen werden können. Ein Beispiel was mich dabei besonders erfasst hat, ist dieses, dass Spanier unter 25 Jahren fast „vollständig an der Existenz der zwei Spanien zweifeln. Die älteren wollen nicht sprechen, sie wollen vergessen und wenn er sie sprechen wollten, so will ihm niemand zuhören. Die Jugend interessiert sich nicht für Geschichten anderer über den Bürgerkrieg, die Vertrauensbasis ist gebrochen, denn sie wollen nur Bilder und Filme sehen von denen sie sich leiten lassen. So ist das Bild Picassos von der „Schlacht von Guernica" [1] ein Beweis dafür, dass der Bürgerkrieg im Baskenland schrecklich war, nur weil es ein bekanntes Gemälde ist. Die neutrale Reflektion des Krieges ist nicht mehr möglich und diese Entwicklung muss unter allen Umständen gestoppt werden, um die Gräben nicht noch weiter auseinanderreißen zu lassen. Ebenso muss die Mentalität, die in dieser Kernproblematik der spanischen Gesellschaft eine essentielle Rolle spielt, sich dahingehend ändern".[2] Ein weiterer Aspekt des spanischen Bürgerkrieges der mich auch emotional ergriffen hat, ist die bösartige Unmenschlichkeit und die ungeheuerliche Form der Gewalt bei diesem Krieg. Für mich ist diese Entwicklung dabei erst durch die sich veränderten physischen Kriegsziele und dem Erlöschen der ethischen Grenzen der beiden Kriegsparteien entstanden, denn eine Regierung, die ihre geistlichen Bürger für eine „Befriedigung der Rachegelüste mit spontaner Gewalt" [3] umbringen lässt, sind meiner Meinung nach nicht mehr wert als Aufständische, die anfangen gewaltsam für Das zu kämpfen, was ihnen eine Verbesserung ihrer Lebenszustände verspricht und dabei ohne emotionales Hemmnis oder Mitgefühl alle Gegner „niedermetzeln"

---

[1] vgl. http://www.g-daf-es.net/lesen_und_sehen/germanistik/mpbp.htm

[2] vgl. http://www.g-daf-es.net/lesen_und_sehen/germanistik/mpbp.htm

[3] vgl. http://www.welt.de/politik/ausland/article13379985/Autor-nennt-spanischen-Buergerkrieg-Holocaust.html

die nicht so denken wie sie selbst - zumindest auf politischer Ebene. Die Brüderlichkeit und der Nationalgedanke eines Volkes, die bei Kriegen gegen andere Nationen immer einherging spielte bei diesem Krieg keine Rolle, sondern nur das Blut des Feindes. Dabei ist für mich besonders die Tatsache, dass Familien, Nachbarn, Kinder und die Armee, alles tiefgehende menschliche oder brüderliche Verbindungen, die vorher Seite an Seite lebten oder kämpften sich voneinander lösten, zu den Kriegspartien strömten und sich gegenseitig ermordeten ein Gedanke, der schon bei der Verbildlichung, auch 75 Jahre später eine Verletzung der menschlichen Würde und Vorstellungskraft darstellt. Was das „schlimmste Drama der spanischen Geschichte" [1] meiner Ansicht nach in seiner Grausamkeit bestärkt, ist die Tatsache, dass der Tod einer halben Millionen, fast ganzheitlich unschuldiger Menschen schlichtweg hingenommen wurde. Anstatt zu helfen und Flüchtlinge auszufliegen, wurde seitens der Franzosen die Grenze zu Frankreich gesperrt und somit auch das legale Entkommen aus dem Bürgerkrieg verhindert, denn aus dieser „Sperre des Todes" gab es kein Entkommen. Angesichts dieser Tatsache steht es für mich außer Frage, dass die Großmächte für ihr ethisches und politisches Verhalten aus dem Kreis jener „Großen", hier besonders Italien, Frankreich und Deutschland entfernt gehört hätten, denn wer das Leid der spanischen Bevölkerung nutzt, um seine Kriegsmaschinerie zu testen oder um keine „neuen Feinde" zu generieren, aber dafür Menschenleben in dieser Größenordnung opfert, darf nicht verlangen, dass man als Regierung unbestraft bleibt. Desweiteren waren es für mich auch nicht mehr als „niedrigste Instinkte" [2], denen beide, Republikaner und Franco-Anhänger im Bürgerkrieg folgten, denn soweit Ich das beurteilen kann, hat das „Mensch sein" in Spanien inmitten des Krieges und nach dem seelischen Tod durch die „physische Kriegsführung" der Nationalisten und der Peinigung der republikanischen Bürger keine Rolle mehr gespielt. Wohl auch deshalb starben auch abseits der Schlachtfelder fast so viele Spanier bei „Säuberungsaktionen" [3] wie im Krieg auch nach dem Franco bereits an der Macht war und seine Diktatur aufgezogen hatte. Besonders die

---

[1] vgl: http://www.g-daf-es.net/lesen_und_sehen/germanistik/mpbp.htm
[2] vgl.2

[3] vgl: http://www.welt.de/politik/ausland/article13379985/Autor-nennt-spanischen-

Methode der Franquisten zur „Brechung des letzten Wiederstands" [1] hat mich dabei erschüttert, denn Folterei, Sklaverei oder willkürliche Hinrichtungen und Massenvergewaltigungen [2] standen im Krieg und auch danach auf der Kriegsliste der Nationalisten. In diesem Zusammenhang und mit der Tatsache der unzähligen Toten, hat mich besonders das Zitat eines französischen Journalisten, einem Kriegsreporter, in tiefe Trauer und einen Augenblick der völligen Leere und Hilfslosigkeit gestürzt, denn bei einem solchen „Holocaust", denn nicht nur wir Deutschen vollzogen, sondern auch die Spanier im Bürgerkrieg betrieben, stellt für mich das „Massaker eines Volkes" [3] dar, was das Zitat des Journalisten „´ (...) hier werden die Menschen gemäht, wie Gras´" [4] eindrucksvoll und traurig zugleich bestätigt und in mir tiefes Beileid und Mitgefühl für die Opfer auslöst. Nicht nur die politischen Denkweisen der anderen sollte in diesem Krieg gewaltsam ausgelöscht werden, sondern der ganze Wille des Einzelnen. Dies ist die eigentliche Tragödie dieses Krieges, denn ein Tod ist unendlich, aber die überlebenden Veteranen und ihre „zerstörte Seele" lebten weiter und diesen Zustand kann nicht „überwinden" auch wenn der Krieg überlebt wurde. Die Erinnerungen bleiben und mit ihnen stirbt die Lebensfreude und die soziale Existenz. Alles in einem sind die Gräben, die der Bürgerkrieg gerissen hat, für mich auch heute noch in der spanischen Gesellschaft vorhanden, denn immer wieder gibt es Autonomiebestrebungen in Spanien, wie in Katalonien und dem Baskenland, was deutlich macht, dass es gar nicht das Streben aller Spanier ist, diese Gräben zu beseitigen und wieder ein Einheitsgefühl, ein Nationalgefühl zu entwickeln.

---

[1] vgl.1
[2] vgl.1
[3] vgl: http://www.g-daf-es.net/lesen_und_sehen/germanistik/mpbp.htm
[4] vgl: http://www.geschichtsforum.de/f67/allt-gliches-leben-im-spanischen-b-rgerkrieg-18812/ - Indirekte Wiedergabe eines Zitats eines französischen Zeitzeugen (Kriegsjournalist)

8. Anexo

8.1 Quellenverzeichnis

Anmerkung: Alle in der Facharbeit formulierten Texte unterliegen in ihrer inhaltlichen Bestimmung den Quellentexten der im Quellenverzeichnis aufgeführten Quellen.

Typ der Quellenangabe	Quelle
Zeitungstext	Maria Domínguez, José: ECOS noviembre 2011. „A 75 años de la Guerra Civil española". Rias de la Historia
Online - Artikel eines Zeitungstextes aus einer spanischen Tageszeitung	Costenla, Tereixa http://politica.elpais.com/politica/2011/10/16/actualidad/1318722644_574600.html - El franquismo se retira al sótano" - El País Política – Stand (16.10.2011)
Fund aus dem Internet	Kellner, Hans-Günther http://www.dradio.de/dlf/sendungen/europaheute/1420369/ - Stand (25.03.2011)
Chronologie aus dem Internet	Deutsches Historisches Museum o.A http://www.dhm.de/magazine/spanien/Chronologie%20des%20KriegesTab.htm – Stand (26.04.2012)
Fund aus dem Internet	o.A http://www.wissen.de/thema/spanischer-buergerkrieg - Stand (23.04.2012)

Fund aus dem Internet	o.A http://www.wissen.de/thema/spanischer- buergerkrieg?chunk=Die Kriegsparteien – Stand (23.04.2012)
Fund aus dem Internet	Deutsches Historisches Museum o.A http://www.dhm.de/lemo/html/nazi/aussenpolitik/ spanischerbk/index.html - Stand (28.04.2012)
Fund aus dem Internet	o.A http://www.anarchismus.at/texte-zur- spanischen-revolution-1936/die-spanische- revolution/736-die-spanische-revolution-1936 - Stand (29.04.2012) Originaltext: www.lacucaracha.info
Spanische Seite aus dem Internet	Ocaña , Juan Carlos http://www.historiasiglo20.org/HE/15.htm - Stand (2005) - Stand (02.05.2012)
Spanische Seite aus dem Internet	Ocaña, Juan Carlos http://www.historiasiglo20.org/HE/14a-2.htm - Stand (2005) - Stand (02.05.2012)
Spanische Seite aus dem Internet	Ocaña , Juan Carlos http://www.historiasiglo20.org/HE/13.htm - Stand (2005) - Stand (02.05.2012)
Fund aus dem Internet / Online- Herausgabe (Stiftung DRA)	Stülb, Hans-Gerhard http://www.dra.de/online/hinweisdienste/spezial/ 2006/dra-spezial_01-2006.pdf - Deutsches Rundfunkarchiv - Tondokumente der Jahre 1936-1938 - DRA - Spezial Stand (01-2006)

Spanische Seite aus dem Internet	Puche Maciá , Ramón http://www.guerracivil1936.galeon.com/guerraci vil.htm - Stand (2000-2008) - Stand (04.05.2012)
Spanische Seite aus dem Internet	Puche Maciá , Ramón http://www.guerracivil1936.galeon.com/repcd.ht m - Stand (2000-2008) - Stand (19.04.2012)
Spanische Seite aus dem Internet	Puche Maciá, Ramón http://www.guerracivil1936.galeon.com/republic a.htm - Stand (2000-2008)
Fund aus dem Internet	o.A http://de.wikipedia.org/wiki/Spanischer_B%C3% BCrgerkrieg - Wikipedia – Stand (14.4.2012)
Fund aus dem Internet	o.A http://www.spanien- bilder.com/spanische_geschichte/spanischer_b uergerkrieg/spanischer_buergerkrieg.php - Stand (22.04.2012)
Fund aus dem Internet (Zeittafel)	o.A http://www.anabell.de/spanien/spanien_von_fra nco_zur_demokratie.html - Stand (05.05.2012)
Fund aus dem Internet	o.A http://www.spanien- bilder.com/spanische_geschichte/spanischer_b uergerkrieg/ursachen_des_spanischen_buerger krieges.php - Stand (01.05.2012)
Spanische Seite aus dem Internet	Brenet, Jean Paul / Launay, Michel http://www.portalplanetasedna.com.ar/civil_esp anola.htm - Stand (1991) - Stand (28.04.2012)

Archiviertes Buch aus dem Internet	Beevor, Antony http://books.google.de/books?id=9r8sbTxthHsC &printsec=frontcover&dq=la+guerra+civil+espa %C3%B1ola&hl=de&sa=X&ei=jtaCT_WTLMHf4 QSIkOHjBw&ved=0CDYQ6AEwAQ#v=onepage &q&f=false – Stand (Oktober 2009)
Fund aus dem Internet	Ladstätter, Peter http://www.erinnern.at/bundeslaender/vorarlberg /bibliothek/dokumente/70-jahre-spanischer- burgerkrieg - Stand (26.04.2012)
Fund aus dem Internet	o.A http://www.wasistwas.de/natur-tiere/alle- artikel/artikel/link//3f731bdec6/browse/2/article/s panien-vor-dem-buergerkrieg-vor-1936.html - Stand (16.04.2012)
Fund aus dem Internet	Selig, Florian http://www.aventinus-online.de/neuzeit/krise- der-klassischen-moderne-1918- 1945/art/Die_2_spanisc/html/ca/50144e23c52dc 564278d9f3557876ff0/?tx_mediadb_pi1%5Bma xItems%5D=10 / aventinus nova Nr.7 - Stand (Winter 2006) -
Online-Präsentation (Fund aus dem Internet)	Uploader: Davidovich3 http://es.scribd.com/doc/31813870/Resumen- segunda-republica-y-guerra-civil-espanola - Stand (27.04.2012)
Fund in einem Internetforum (spanische Version)	o.A http://es.answers.yahoo.com/question/index?qid =20080604120916AA32C9t - Stand (06.05.2012)

Fund in einem Internetforum	o.A http://es.answers.yahoo.com/question/index?qid =20110512112114AARzkIV - Stand (06.05.2012)
Text aus einem Online-Magazin (Fund aus dem Internet)	o.A http://www.manager- magazin.de/unternehmen/artikel/0,2828,290002 ,00.html – manager maganzine online – Stand (30.04.2012)
Fund im Internet	Suchsland, Rainer http://www.heise.de/tp/artikel/23/23273/1.html - „Kampf der zwei Spanien" - Stand (20.08.2006)
Fund im Internet	o.A http://html.rincondelvago.com/causas-de-la- guerra-civil-espanola.html - Stand (11.05.2012)
Fund im Internet	o.A http://joselc.wanadooadsl.net/guerra_civil.htm - Stand (16.04.2012)
Buch: Monografie	Meyer, Jens: C.C Buchner (Verlag) . Prisma del mundo Hispánico – „La España de hoy y sus raíces" - Auflage: 2008
Fund aus dem Internet	o.A http://de.wikipedia.org/wiki/Zweite_Spanische_R epublik#Volksfront_und_Verschw.C3.B6rung_1 936 - Stand (23.04.2012)
Fund aus dem Internet (Quellentext)	Drechsel, Benjamin http://www.demokratiezentrum.org/themen/euro

Fund aus dem Internet (Online-Artikel von „Die Welt")	pa/europaeisches-bildgedaechtnis/der-spanische-buergerkrieg.html - Bildaufsatz der Ikone „Der spanische Bürgerkrieg" -Stand (09/2009)
Fund aus dem Internet (Geschichtsforum)	http://www.welt.de/politik/ausland/article133799 85/Autor-nennt-spanischen-Buergerkrieg-Holocaust.html -Stand (14.05.2012)
Fund aus dem Internet	http://www.geschichtsforum.de/f67/allt-gliches-leben-im-spanischen-b-rgerkrieg-18812/ - Stand (03.05.2012)
Fund aus dem Internet	del Pilar Bejarano Pérez, Maria http://www.g-daf-es.net/lesen_und_sehen/germanistik/mpbp.htm - Stand (Januar 2003) - 29.04.2012
	o.A http://www.barcelonafuerdeutsche.com/?seccion=home&newsid=1312 - Stand (23.10.2011)
Fund aus dem Internet	o.A http://www.whoswho.de/templ/te_bio.php?PID= 1525&RID=1 – Stand (08.05.2012)
Fund aus dem Internet (Auskunft von der Magazin „Focus")	o.A http://www.focus.de/wissen/tests-onlinespiele/allgemeinbildung/politiker/personen-der-zeitgeschichte-francisco-franco_aid_8275.html - Stand (06.05.2012)
Fund aus dem Internet (Wissensplattform)	o.A http://de.wikipedia.org/wiki/Francisco_Franco -

	Stand (01.05.2012)
Fund aus dem Internet (Studienarbeit: Die „zwei Spanien" in Camila Celas Buch „La Colmena")	Kühn-Schulz-Frieling, Fabian http://books.google.de/books?id=3h6_rM-nRbMC&pg=PA3&lpg=PA3&dq=gibt+es+noch+immer+zwei++spanien&source=bl&ots=_To78Yuwoh&sig=nEA36KHkUPdmwxMDEdptakYyd8U&hl=de&sa=X&ei=5EChT_fdBMbS4QSayoXuCA&ved=0CDUQ6AEwAzgU#v=onepage&q=gibt%20es%20noch%20immer%20zwei%20%20spanien&f=false - Stand (30.04.2012)
Fund aus dem Internet	o.A http://mx.answers.yahoo.com/question/index?qid=20090113104905AAS3kl6 – Stand (10.05.2012)
Fund aus dem Internet (Online-Biographie)	o.A http://www.biografiasyvidas.com/biografia/f/franco.htm - Stand (01.05.2012)
Fund aus dem Internet	o.A http://es.answers.yahoo.com/question/index?qid=20080422112452AANVANb - Stand (04.05.2012)
Fund aus dem Internet	o.A http://html.rincondelvago.com/francisco-franco_5.html - Stand (07.05.2012)
Fund aus dem Internet	Moliner, Maria http://centros1.pntic.mec.es/ies.maria.moliner3/guerra/consecu.htm - Stand (29.04.2012)
Fund aus dem Internet	Ocaña, Juan Carlos http://www.historiasiglo20.org/HE/14b-2.htm - Stand (13.05.2012)
Fund aus dem Internet	o.A http://www.cosmiq.de/qa/show/746242/Spanischer-Buergerkrieg/ - Stand (10.05.2012)

Fund aus dem Internet	o.A http://uni- protokolle.de/Lexikon/Spanischer_B%FCrgerkri eg.html - Stand (10.05.2012)
Fund aus dem Internet	Liehr, Florian http://www.hausarbeiten.de/faecher/vorschau/9 5059.html - Stand (10.05.2012)
Fund aus dem Internet	o.A http://de.wikiteka.com/dokument/114685- gesetz-der-politischen-verantwortung-1939 - Stand (17.05.2012)
Dokumentarfilm	Istituto Luce „España 1936-1939" (La Guerra Civil) 01.01.1990
Spielfilm	Carlos Saura "¡Ay Carmela!" (Erscheinungsjahr: 1990

8.2 Abkürzungen

*CEDA: Confederación española de Dereches Autónomas

*POUM: Partido Obrero de Unificación Marxist

*PCE: Partido Comunista de España

*FAI: Federación Anarquista Ibérica

*CNT: Confederación Nacional de Trabajo

*FET: Falange Española Tradicionalista (partido único, fundar por Franco en 1937)

*JONS: Juntas de Ofensiva Nacional Sindicalista (extremo derecho fundar por Franco en 1931